느긋하게 엉뚱하게

판다처럼

토닥토닥 위로가 되는 필사 노트 1
느긋하게 엉뚱하게
판다처럼

초판 1쇄 발행 **2025년 6월 10일**

엮음 **이문식** 펴냄 **이혜경**
기획·관리 **김혜림** 편 집 **변묘정, 박은서** 디자인 **여혜영** 마케팅 **양예린**

펴낸곳 **브레드&**
출판등록 2014년 4월 7일 제300-2014-102호
주소 서울시 종로구 새문안로 92 광화문 오피시아 1717호
전화 (02) 735-9515 팩스 (02) 6499-9518
전자우편 nikebooks@naver.com 블로그 blog.naver.com/nikebooks 페이스북 facebook.com/nikebooks
인스타그램 (니케북스) @nike_books (니케주니어) @nikebooks_junior

ISBN 979-11-94706-00-7 03100
책값은 뒤표지에 있습니다.
잘못된 책은 구입한 서점에서 바꿔드립니다.

느긋하게 엉뚱하게
판다처럼

브레드&

포슬포슬 판다와 함께하는
신개념 힐링 필사 노트!

오늘도 또 숨이 턱에 찰 만큼 바쁘고 지치는 하루였나요?
하루의 반을 제대로 쉴 틈도 없이 바쁘게만 보냈지만…
보람은 하나도 없고 마음은 계속 불안한가요?
내일은 또 이런 하루가 될 것 같아 미리 스트레스를 받나요?

우리 잠시 눈을 감고 판다가 되는 상상을 해보면 어떨까요?

살포시 아침 햇살이 비쳐드는 대나무 숲. 나는 새소리를 들으며 천천히 눈을
뜬다. 짧지만 튼실한 네 다리로 기지개를 쭉 펴고, 멍하니 앉아 하늘을 한참 바
라본다. "오늘은 열심히 살아 보자!"라고 잠시 다짐하지만 잠시 뒤 "굳이 그래야
해?"라고 생각을 고쳐먹는다.

바람이 살랑이며 대나무가 흔들리는 소리에 불현듯 현실로 돌아와 천천히 대
나무를 한입 베어 문다. 아삭아삭, 사각사각…"그래, 바로 이 맛이야!" 한입 먹
고, 또 한입 먹고… 스르르 졸음이 온다. 내리쬐는 햇살을 살짝 피해 나무 그늘에

몸을 눕힌다.

　잠결에 들려오는 쩍쩍 새소리. 깨어나니 해가 서쪽으로 조금 기울어 있다. 친구 판다가 내 옆으로 온다. 말없이 함께하는 조용한 시간, 누가 먼저랄 것 없이 우린 등을 맞대고 대나무를 씹고 또 씹는다.

오늘도 느긋한 하루…

　해 질 녘, 붉게 물든 하늘을 바라보며 마지막 대나무를 한입. "오늘도 참 평화로웠지." 그렇게 나는 느릿느릿, 온전히 나만의 속도로 하루를 살아간다.
　"판다여서 행복해."

이제 눈을 떠보세요. 우리는 현실 판다는 될 수 없지만 판다가 된다는 상상만으로도 조금이나마 위안이 되었으면 해요.

contents

Chapter 1 "판다는 어제를 고민하지 않고 내일을 걱정하지 않는다."

   – 지금 이 순간을 온전히 살아보자.

Chapter 2 "판다는 대나무만 먹는데 왜 뚱뚱하지?"

   – 세상은 때로는 불공평하다.

Chapter 3 "대나무가 있으면 판다는 언제나 만족한다."

   – 필요한 것이 많지 않아도 행복할 수 있다.

Chapter 4 "판다는 쉬어도, 먹어도, 놀아도 사랑받는다."

   – 존재만으로도 충분한 가치가 있다.

"판다는 어제를 고민하지 않고 내일을 걱정하지 않는다."

– 지금 이 순간을 온전히 살아보자.

내면의 대나무 숲에서 마음의 평화를 찾으세요.

Find your inner peace in the bamboo forest of your mind.

판다 세계의 지혜: 아무것도 안 하는 게 최선일 때가 있답니다.

A panda's wisdom: sometimes the best action is inaction.

판다의 삶이야말로 단순한 것에서 즐거움을 발견하는 장인 클래스입니다.

A panda's life is a masterclass in finding joy in simplicity.

대나무와 낮잠: 인간이면 모두 은근히 샘내는 판다의 일상.

Bamboo and naps: the panda way of life we all secretly envy.

혼란으로 가득한 세상, 평화로운 판다가 돼보세요.

In a world full of chaos, be a peaceful panda.

검정, 하양, 그리고 사랑스러움의 결정체 – 판다의 전략이랍니다.

Black, white, and adorable all over – that's the panda way.

판다의 인생 교훈: 먹고 자고의 무한 반복,
그리고 그렇게 하면서 귀엽게 보이기.

Life lesson from pandas: eat, sleep, repeat –
and look cute doing it.

판다의 포옹은 수천 마디 말에 버금가는 가치가 있지요.

A panda's hug is worth a thousand words.

당신 내면에 있는 판다를 안아주세요.
이것은 다정하고 장난스럽고 진정한 당신이 된다는 의미이지요.

Embrace your inner panda: be gentle, be playful, be you.

판다는 어제나 내일을 신경쓰지 않아요.
그저 오늘 대나무를 즐길 뿐이랍니다.

Pandas don't worry about yesterday or tomorrow –
they just enjoy their bamboo today.

Chapter 2

"판다는 대나무만 먹는데 왜 뚱뚱하지?"

- 세상은 때로는 불공평하다.

귀여움이야말로 판다의 초능력이지요.

Cuteness is the panda's superpower.

마치 판다가 대나무를 바라보는 것처럼 당신을 바라보는 사람을 찾으세요.

Find someone who looks at you the way a panda looks
at bamboo.

판다 논리: 대나무나 낮잠이 아닌 것은 안 중요함.

Panda logic: if it's not bamboo or naps, it's not important.

판다가 하듯이 호기심과 용기를 가지고 인생의 대나무 숲을 탐험하세요.

Navigate life's bamboo forest with curiosity and courage, just as a panda would.

판다의 철학: 의심이 들 때는 대나무를 먹고 낮잠을 자라!

A panda's philosophy: when in doubt, eat bamboo and take a nap!

판다는 무한 경쟁을 하지 않아요. 우아한 삶을 산답니다.

Pandas don't run the rat race – they tumble through life with grace.

세상에는 더 많은 판다와 그들이 상징하는 친절함이 필요해요.

The world needs more pandas and the kindness they represent.

난 뚱뚱하지 않아요. 푹신하고 대나무로 꽉 차 있을 뿐.

I'm not fat, I'm just fluffy and full of bamboo.

판다가 되어보세요. 새로운 높이에 도전하고 뽀송뽀송함으로 둘러싸인
채, 장난기 어린 마음을 절대 잃지 마세요.

Be like a panda: climb to new heights,
embrace your fluffiness, and never lose your playful spirit.

뱃살만 있으면 되지 복근이 왜 필요하죠?

Who needs abs when you can have flabs?

Chapter 3

"대나무가 있으면 판다는 언제나 만족한다."

– 필요한 것이 많지 않아도 행복할 수 있다.

걸을 필요 있나요? 굴러가면 되는데.
판다의 천연 에너지 보존 법칙이랍니다.

Why walk when you can roll?
It's nature's way of conserving panda energy.

먹고, 자고, 대나무…의 반복 – 판다 행복의 비밀.

Eat, sleep, bamboo, repeat – the secret to panda happiness.

대나무 줄기 하나로 내면의 평화 찾기.

Find your inner peace, one bamboo stalk at a time.

(판다의) 지혜는 천천히 씹고 매 순간을 즐기는 데서 나온답니다.

Wisdom comes from chewing slowly and savoring
every moment.

높이 오르고 큰 꿈을 꾸되 전망을 즐기는 것도 잊지 마세요.

Climb high, dream big, but always remember to enjoy the view.

당신만의 독특한 장점을 빛나게 하세요.
그것이 당신을 판다처럼 귀중하고 특별하게 만들어줄 거예요.

Let your unique qualities shine, for they make you as rare
and precious as a panda.

때때로 가장 좋은 해결책은 가만히 앉아서 대나무를 우적우적
씹는 것이랍니다.

Sometimes, the best solution is to sit back and munch
on some bamboo.

단순함을 소중하게: 판다는 대나무와 사랑 말고는 아무것도 필요 없죠.

Cherish simplicit: a panda needs nothing more than bamboo and love.

나무에 오르는 판다의 결의로 어려움에 맞서세요.

Face challenges with the determination of a panda climbing a tree.

대나무밭을 새로 발견한 판다처럼 작은 것에서 기쁨을 찾으세요.

Find joy in the little things, like a panda discovering a fresh patch of bamboo.

Chapter 4

"판다는 쉬어도, 먹어도, 놀아도 사랑받는다."

– 존재만으로도 충분한 가치가 있다.

균형이 중요합니다. 열심히 일하고, 더 열심히 놀고,
항상 대나무 간식을 위한 시간을 내세요.

Balance is key: work hard, play harder,
and always make time for bamboo breaks.

스스로에게 인내심을 가지세요.
판다는 귀여워지려고 수백만 년 동안 진화했지요.

Be patient with yourself; even pandas took millions of
years to evolve into cuteness.

판다가 가는 곳마다 기쁨을 전하듯 긍정성을 널리 퍼뜨리세요.

Spread positivity like a panda spreads delight wherever
it goes.

인생 한순간 한순간을 대나무순으로 생각하고 모든 순간을 즐기세요.

Take life one bamboo shoot at a time,
and savor every moment.

언덕 위에서 장난치는 판다처럼 인생의 도전에 맞서 싸우세요.

Roll with life's challenges like a playful panda on a hillside.

소음이 가득한 세상에서 판다처럼 행동하세요:
차분하고, 집중하며, 신중하게.

In a world of noise, be like a panda: calm, focused,
and deliberate.

판다가 흑백 사이에서 균형을 맞추듯 삶에서도 균형을 찾으세요.

Find balance in your life, just as a panda balances black and white.

판다의 회복력으로 역경에 맞서세요.
조용한 힘은 산도 움질일 수 있죠.

Face adversity with a panda's resilience –
quiet strength can move mountains.

판다가 대나무를 고르듯, 신중하게 선택하되 정말 중요한 것을 선택하세요.

Be mindful in your choices, selecting what truly matters,
as a panda selects bamboo.

서두르지 말고 자신의 속도에 맞춰 움직이세요.
판다의 길은 느리지만 꾸준하답니다.

Take your time and move at your own pace –
the panda's path is slow but steady.

이문식

녹색과 푸르름을 찬양하고 동물과 식물을 사랑하는 자연 예찬가.
길냥이와는 눈빛 대화가 가능하다고 주장하며 가끔 화분과 티타임을 즐기는 초록 인간.
숲에서 길을 잃어도 들풀과 들꽃만 있다면 행복할 타입이다.
글을 통해 생명의 아름다움을 전하며, 지구를 좀 더 푸르게 만들고 싶어한다.